AF465925

MINISTÈRE DE L'INTÉRIEUR.

LOIS

SUR LA GARDE NATIONALE.

([illegible] MARS 1831. — 19 AVRIL 1832. — 14 JUILLET 1837. —
30 AVRIL 1846.)

MINISTÈRE DE L'INTÉRIEUR.

LOIS

SUR LA GARDE NATIONALE.

(22 MARS 1831. — 19 AVRIL 1832. — 14 JUILLET 1837. — 30 AVRIL 1846.)

40080

PARIS.

IMPRIMERIE ROYALE.

JUIN 1846.

TABLE DES MATIÈRES.

LOI GÉNÉRALE DU 22 MARS 1831.

LOI DU 19 AVRIL 1832.

LOI DU 14 JUILLET 1837.

LOI DU 30 AVRIL 1846.

LOI GÉNÉRALE

DU 22 MARS 1831.

SUR LA GARDE NATIONALE.

TITRE Ier.

DISPOSITIONS GÉNÉRALES.

ARTICLE 1er.

La garde nationale est instituée pour défendre la royauté constitutionnelle, la charte et les droits qu'elle a consacrés; pour maintenir l'obéissance aux lois, conserver ou rétablir l'ordre et la paix publique, seconder l'armée de ligne dans la défense des frontières et des côtes, assurer l'indépendance de la France et l'intégrité de son territoire.

Toute délibération prise par la garde nationale sur les affaires de l'état, du département et de la commune, est une atteinte à la liberté publique et un délit contre la chose publique et la constitution.

ART. 2.

La garde nationale est composée de tous les Français, sauf les exceptions ci-après.

ART. 3.

Le service de la garde nationale consiste :

1° En service ordinaire dans l'intérieur de la commune;

2° En service de détachement hors du territoire de la commune;

3° En service de corps détachés pour seconder l'armée de ligne dans les limites fixées par l'article 1er.

Art. 4.

Les gardes nationales seront organisées dans tout le royaume : elles le seront par communes.

Les compagnies communales d'un canton seront formées en bataillons cantonaux lorsqu'une ordonnance du Roi l'aura prescrit.

Art. 5.

Cette organisation sera permanente; toutefois le Roi pourra suspendre ou dissoudre la garde nationale en des lieux déterminés.

Dans ces deux cas, la garde nationale sera remise en activité ou réorganisée dans l'année qui s'écoulera, à compter du jour de la suspension ou de la dissolution, s'il n'est pas intervenu une loi qui prolonge ce délai.

Dans le cas où la garde nationale résisterait aux réquisitions légales des autorités, ou bien s'immiscerait dans les actes des autorités municipales, administratives ou judiciaires, le préfet pourra provisoirement la suspendre.

Cette suspension n'aura d'effet que pendant deux mois, si, pendant cet espace de temps, elle n'est pas maintenue, ou si la dissolution n'est pas prononcée par le Roi.

Art. 6.

Les gardes nationales sont placées sous l'autorité des maires, des sous-préfets, des préfets et du ministre de l'intérieur.

Lorsque la garde nationale sera réunie, en tout ou en partie, au chef-lieu du canton, ou dans une autre commune que le chef-lieu du canton, elle sera sous l'autorité du maire de la commune où sa réunion aura lieu d'après les ordres du sous-préfet ou du préfet.

Sont exceptés les cas déterminés par les lois où les gardes nationales sont appelés à faire, dans leur commune ou leur canton, un service d'activité militaire, et sont mises, par l'autorité civile, sous les ordres de l'autorité militaire.

ART. 7.

Les citoyens ne pourront ni prendre les armes, ni se rassembler en état de gardes nationales sans l'ordre des chefs immédiats, ni ceux-ci donner cet ordre sans une réquisition de l'autorité civile, dont il sera donné communication à la tête de la troupe.

ART. 8.

Aucun officier ou commandant de poste de la garde nationale ne pourra faire distribuer des cartouches aux citoyens armés, si ce n'est en cas de réquisition précise; autrement il demeurera responsable des événements.

TITRE II.

SECTION Ire.

DE L'OBLIGATION DU SERVICE.

ART. 9.

Tous les Français âgés de vingt à soixante ans sont appelés au service de la garde nationale, dans le lieu de leur domicile réel (1). Ce service est obligatoire et personnel, sauf les exceptions qui seront établies ci-après.

ART. 10.

Pourront être appelés à faire le service les étrangers admis à la jouissance des droits civils, conformément à l'article 13 du Code

(1) Voir ci-après l'article 1er de la loi du 14 juillet 1837, spéciale à la garde nationale du département de la Seine, aux termes duquel tout Français légalement appelé au service de la garde nationale est tenu à ce service dans ce département lorsqu'il y a son domicile réel, ou lorsqu'il y réside habituellement une partie de l'année, et ce nonobstant son inscription sur les registres matricules d'un autre département.

civil, lorsqu'ils auront acquis en France une propriété, ou qu'ils y auront formé un établissement.

Art. 11.

Le service de la garde nationale est incompatible avec les fonctions des magistrats qui ont le droit de requérir la force publique.

Art. 12.

Ne seront pas appelés à ce service :

1° Les ecclésiastiques engagés dans les ordres, les ministres des différents cultes, les élèves des grands séminaires et des facultés de théologie;

2° Les militaires des armées de terre et de mer en activité de service; ceux qui auront reçu une destination des ministres de la guerre ou de la marine; les administrateurs ou agents commissionnés des services de terre et de mer également en activité; les ouvriers des ports, des arsenaux et des manufactures d'armes organisés militairement : ne sont pas compris dans cette dispense les commis et employés des bureaux de la marine au-dessous du grade de sous-commissaire;

3° Les officiers, sous-officiers et soldats des gardes municipales et autres corps soldés;

4° Les préposés des services actifs des douanes, des octrois, des administrations sanitaires, les gardes champêtres et forestiers.

Art. 13.

Sont exceptés du service de la garde nationale les concierges des maisons d'arrêt; les geôliers, les guichetiers et autres agents subalternes de justice ou de police.

Le service de la garde nationale est interdit aux individus privés de l'exercice des droits civils conformément aux lois.

Sont exclus de la garde nationale :

1° Les condamnés à des peines afflictives ou infamantes;

2° Les condamnés en police correctionnelle pour vol, pour escroquerie, pour banqueroute simple, abus de confiance, pour soustraction commise par des dépositaires publics, et pour attentats aux mœurs, prévus par les articles 331 et 334 du Code pénal;

3° Les vagabonds ou gens sans aveu déclarés tels par jugement.

SECTION II.

DE L'INSCRIPTION AU REGISTRE MATRICULE.

Art. 14.

Les Français appelés au service de la garde nationale seront inscrits sur un registre matricule établi dans chaque commune (1).

A cet effet, des listes de recensement seront dressées par le maire et revisées par un conseil de recensement, comme il est dit ci-après.

Ces listes seront déposées au secrétariat de la mairie; les citoyens seront avertis qu'ils peuvent en prendre connaissance.

Art. 15.

Il y aura au moins un conseil de recensement par commune.

Dans les communes rurales et dans les villes qui ne forment pas plus d'un canton, le conseil municipal, présidé par le maire, remplira les fonctions de conseil de recensement.

Dans les villes qui renferment plusieurs cantons, le conseil municipal pourra s'adjoindre un certain nombre de personnes choisies, à nombre égal, dans les divers quartiers, parmi les citoyens qui sont ou qui seront appelés à faire le service de la garde nationale.

---

(1) Voir l'article 2 de la loi du 14 juillet 1837 spéciale à la garde nationale du département de la Seine, relativement à l'obligation imposée aux citoyens appelés au service et non portés au registre matricule de se faire inscrire à la mairie de leur résidence, sous peine d'être inscrits d'office et d'être renvoyés devant le conseil de discipline comme s'étant constitués en état de refus de service, et comme étant passibles d'un emprisonnement d'un jour au moins, de cinq jours au plus.

Le conseil municipal et les membres adjoints pourront se subdiviser, suivant les besoins, en autant de conseils de recensement qu'il y aura d'arrondissements.

Dans ce cas, l'un des conseils sera présidé par le maire ; chacun des autres le sera par l'adjoint ou le membre du conseil municipal délégué par le maire.

Ces conseils seront composés de huit membres au moins.

A Paris, il y aura, par arrondissement, un conseil de recensement, présidé par le maire de l'arrondissement, et composé de huit membres choisis par lui, comme il est dit au troisième paragraphe de cet article (1).

ART. 16.

Le conseil de recensement procédera immédiatement à la révision des listes et à l'établissement du registre matricule.

ART. 17.

Au mois de janvier de chaque année, le conseil de recensement inscrira au registre matricule les jeunes gens qui seront entrés dans leur vingtième année pendant le cours de l'année précédente, ainsi que les Français qui auront nouvellement acquis leur domicile dans la commune : il rayera dudit registre les Français qui seront entrés dans leur soixantième année pendant le cours de la même année (2), ceux qui auront changé de domicile et les décédés. Toutefois le service ne sera pas exigé avant l'âge de 20 ans accomplis.

ART. 18.

Dans le courant de chaque année, le maire notera, en marge du registre matricule, les mutations provenant, 1° des décès ; 2° des changements de résidence ; 3° des actes en vertu desquels les per-

(1) Voir les modifications apportées par les articles 4 et 5 de la loi du 14 juillet 1837 à la composition des conseils de recensement dans la ville de Paris.

(2) La loi du 30 avril 1840 a ajouté la disposition suivante :
« *Et qui en feront la demande formelle.*

sonnes désignées dans les articles 11, 12 et 13 auraient cessé d'être soumises au service de la garde nationale ou en seraient exclues.

Le conseil de recensement, sur le vu des pièces justificatives, prononcera, s'il y a lieu, la radiation.

Le registre matricule, déposé au secrétariat de la mairie, sera communiqué à tout habitant de la commune qui en fera la demande au maire.

TITRE III.

DU SERVICE ORDINAIRE.

SECTION Ire.

DE L'INSCRIPTION AUX CONTRÔLES DU SERVICE ORDINAIRE ET DE RÉSERVE.

Art. 19.

Après avoir établi le registre matricule, le conseil de recensement procédera à la formation du contrôle du service ordinaire et du contrôle de réserve.

Le contrôle du service ordinaire comprendra tous les citoyens que le conseil de recensement jugera pouvoir concourir au service habituel.

Néanmoins, parmi les Français inscrits sur le registre matricule, ne pourront être portés sur le contrôle du service ordinaire que ceux qui sont imposés à la contribution personnelle (1), et leurs enfants, lorsqu'ils auront atteint l'âge fixé par la loi, ou les gardes nationaux non imposés à la contribution personnelle, mais qui, ayant fait le service postérieurement au 1er août dernier, voudront le continuer.

Le contrôle de réserve comprendra tous les citoyens pour lesquels le service habituel serait une charge trop onéreuse, et qui ne devront être requis que dans les circonstances extraordinaires.

---

(1) D'après le § 7 de l'article 2 de la loi du 14 juillet 1837, cette disposition n'est point applicable à la ville de Paris.

ART. 20.

Ne seront pas portés sur les contrôles du service ordinaire les domestiques attachés au service de la personne.

ART. 21.

Les compagnies et subdivisions de compagnie sont formées sur les contrôles du service ordinaire. Les citoyens inscrits sur les contrôles de réserve seront répartis à la suite desdites compagnies ou subdivisions de compagnie, de manière à pouvoir y être incorporés au besoin.

ART. 22.

Les inscriptions et les radiations à faire sur les contrôles auront lieu d'après les règles suivies pour les inscriptions et radiations opérées sur les registres matricules.

ART. 23.

Il sera formé, à la diligence du juge de paix, dans chaque canton, un jury de révision, composé du juge de paix président, et de douze jurés désignés par le sort, sur la liste de tous les officiers, sous-officiers, caporaux et gardes nationaux sachant lire et écrire, et âgés de plus de 25 ans (1).

Il sera dressé une liste par commune de tous les officiers, sous-officiers, caporaux et gardes nationaux ainsi désignés : le tirage définitif des jurés sera fait sur l'ensemble de ces listes pour tout le canton.

ART. 24.

Le tirage des jurés sera fait par le juge de paix, en audience pu-

---

(1) Voir les modifications apportées par l'article 6 de la loi du 14 juillet 1837 en ce qui concerne, 1° la formation de la liste des citoyens qui doivent être désignés par le sort pour composer les jurys de révision dans le département de la Seine; 2° l'adjonction à ces jurys d'un rapporteur et d'un rapporteur-adjoint nommés par le Roi; 3° l'obligation pour les jurés de siéger sous peine, en cas d'absence, sans motif légitime, d'être condamnés, par le président, à une amende de 5 à 15 francs

blique. Les fonctions de juré et celles de membre du conseil de recensement sont incompatibles.

Les jurés seront renouvelés tous les six mois.

Art. 25.

Ce jury prononcera sur les réclamations relatives (1) :

1° A l'inscription ou à la radiation sur les registres matricules, ainsi qu'il est dit article 14;

2° A l'inscription ou à l'omission sur le contrôle du service ordinaire.

Seront admises les réclamations des tiers gardes nationaux sur qui retomberait la charge du service.

Ce jury exercera, en outre, les attributions qui lui seront spécialement confiées par les dispositions subséquentes de la présente loi.

Art. 26.

Le jury ne pourra prononcer qu'au nombre de sept membres au moins, y compris le président.

Ses décisions seront prises à la majorité absolue, et ne seront susceptibles d'aucun recours (2).

---

(1) D'après l'article 25 de la loi du 14 juillet 1837, toute opposition à une décision du conseil de recensement rendue par défaut doit être formée dans la huitaine de la notification. Le défaillant peut, toutefois, être relevé du délai d'opposition. Quant à l'appel devant le jury de révision, il n'est recevable qu'autant qu'il a été interjeté dans la quinzaine de la décision contradictoire ou de la notification des décisions rendues par défaut ou sur l'opposition.

Le préfet à Paris et les sous-préfets peuvent, dans ce cas et dans le même délai, recourir devant le jury de révision.

(2) Il est de principe que les décisions des jurys sont susceptibles d'êtres attaquées par la voie contentieuse pour incompétence et pour excès de pouvoir; mais, aux termes de la loi du 14 juillet 1837, spéciale au département de la Seine, « toute décision des jurys de révision peut être déférée au conseil d'État, non-seulement pour incompétence et excès de pouvoir, mais encore pour « *violation de la loi.* »

De plus, d'après l'article 27, la contrariété de décisions rendues en dernier ressort en différents conseils de recensement ou jurys de révision, pour l'application de ladite loi (14 juillet 1837) et pour celle de la loi du 22 mars 1831, donne également ouverture à un recours devant le conseil d'État.

SECTION II.

DES REMPLACEMENTS, DES EXEMPTIONS, DES DISPENSES DU SERVICE ORDINAIRE.

ART. 27.

Le service de la garde nationale étant obligatoire et personnel, le remplacement est interdit pour le service ordinaire, si ce n'est entre les proches parents, savoir : du père par le fils, du frère par le frère, de l'oncle par le neveu, et réciproquement, ainsi qu'entre alliés aux mêmes degrés, à quelque compagnie ou bataillon qu'appartiennent les parents et les alliés.

Les gardes nationaux de la même compagnie qui ne sont ni parents ni alliés aux degrés ci-dessus désignés pourront seulement échanger leur tour de service.

ART. 28.

Peuvent se dispenser du service de la garde nationale, nonobstant leur inscription :

1° Les membres des deux Chambres;

2° Les membres des cours et tribunaux;

3° Les anciens militaires qui ont cinquante ans d'âge et vingt années de service;

4° Les gardes nationaux ayant cinquante-cinq ans;

5° Les facteurs de postes aux lettres, les agents des lignes télégraphiques, et les postillons de l'administration des postes reconnus nécessaires au service.

ART. 29.

Sont dispensées du service ordinaire les personnes qu'une infirmité met hors d'état de faire le service.

Toutes ces dispenses et toutes les autres dispenses temporaires demandées pour cause d'un service public seront prononcées par le conseil de recensement, sur le vu des pièces qui en constateront la nécessité.

Les absences constatées seront un motif suffisant de dispense temporaire.

En cas d'appel, le jury de révision statuera.

SECTION III.

FORMATION DE LA GARDE NATIONALE, COMPOSITION DES CADRES.

Art. 30.

La garde nationale sera formée, dans chaque commune, par subdivisions de compagnie, par compagnies, par bataillons et par légions.

La cavalerie de la garde nationale sera formée, dans chaque commune ou dans le canton, par subdivision d'escadron et par escadron.

Chaque bataillon aura son drapeau et chaque escadron son étendard.

Art. 31.

Dans chaque commune, la formation en compagnies se fera de la manière suivante :

Dans les villes, chaque compagnie sera composée, autant que possible, des gardes nationaux du même quartier. Dans les communes rurales, les gardes nationaux de la même commune forment une ou plusieurs compagnies ou une subdivision de compagnie.

Art. 32.

La répartition en compagnie ou en subdivision de compagnie des gardes nationaux inscrits sur le contrôle du service ordinaire sera faite par le conseil de recensement (1).

---

(1) A Paris, la circonscription des bataillons et des compagnies est réglée dans chaque arrondissement par le maire, sous l'approbation du préfet. (Article 8 de la loi du 14 juillet 1837.)

§ Ier. — *Formation des compagnies.*

ART. 33.

Il y aura par subdivision de compagnie de gardes nationaux à pied de toutes armes :

	NOMBRE TOTAL D'HOMMES.				
	JUSQU'À 14.	DE 15 à 20.	DE 20 à 30.	DE 30 à 40.	DE 40 à 50.
Lieutenant	//	//	//	1	1
Sous-lieutenant	//	1	1	1	1
Sergents	1	1	2	2	3
Caporaux	1	2	4	4	6
Tambour	//	//	//	1	1

ART. 34.

La force ordinaire des compagnies sera de 60 à 200 hommes : néanmoins, la commune qui n'aura que 50 à 60 gardes nationaux formera une compagnie.

ART. 35.

Il y aura par compagnie de garde nationale à pied de toutes armes (1) :

	NOMBRE TOTAL D'HOMMES.			
	DE 50 à 80.	DE 80 à 100.	DE 100 à 140.	DE 140 à 200.
Capitaine en premier	1	1	1	1
Capitaine en second	//	//	//	1
Lieutenants	1	1	2	2
Sous-Lieutenants	1	2	2	2
Sergent-major	1	1	1	1
Sergent-fourrier	1	1	1	1
Sergents	4	6	6	8
Caporaux	8	12	12	16
Tambours	1	2	2	2

(1) La loi du 30 avril 1846 a ajouté la disposition suivante :

« Dans le département de la Seine, lorsque l'effectif d'une compagnie dépassera deux cents « hommes définitivement inscrits sur le contrôle, il y aura, par chaque cinquante hommes d'excé- « dant, un lieutenant ou un sous-lieutenant, deux sergents et quatre caporaux. »

ART. 36.

Il pourra être formé une garde à cheval dans les cantons ou communes où cette formation serait jugée utile au service, et où se trouveraient au moins dix gardes nationaux qui s'engageraient à s'équiper à leurs frais et à entretenir chacun un cheval.

ART. 37.

Il y aura par subdivision d'escadron et par escadron (1) :

	NOMBRE TOTAL D'HOMMES.						
	Jusqu'à 17.	De 17 à 30.	De 30 à 40.	De 40 à 50.	De 50 à 70.	De 70 à 100.	De 100 à 120 et au-dessus.
Capitaine en premier......	//	//	//	//	//	1	1
Capitaine en second......	//	//	//	//	//	//	1
Lieutenants............	//	//	1	1	1	2	2
Sous-lieutenants.........	//	1	1	1	2	2	2
Maréchal-des-logis-chef.....	//	//	//	//	//	1	1
Fourrier..............	//	//	//	//	//	1	1
Maréchaux-des-logis......	1	2	2	3	4	4	8
Brigadiers.............	2	4	4	6	8	8	16
Trompettes............	//	//	1	1	1	1	2

ART. 38.

Dans toutes les places de guerre et dans les cantons voisins des côtes, il sera formé des compagnies ou des subdivisions de compagnie d'artillerie. A Paris, et dans les autres villes, une ordonnance du Roi pourra prescrire la formation et l'armement de compagnies ou de subdivisions de compagnie d'artillerie. L'ordonnance réglera l'organisation, la réunion ou la répartition des compagnies.

ART. 39.

Les artilleurs seront choisis, par le conseil de recensement, parmi

(1) La loi du 30 avril 1846 a ajouté la disposition suivante :

« Dans le département de la Seine, lorsque l'effectif atteindra deux cents hommes définitivement « inscrits sur le contrôle, le cadre des officiers sera augmenté d'un sous-lieutenant. »

3

les gardes nationaux qui se présenteraient volontairement, et qui réuniraient, autant que possible, les qualités exigées pour entrer dans l'artillerie.

Art. 40.

Partout où il n'existe pas de corps soldés de sapeurs-pompiers, il sera, autant que possible, formé par le conseil de recensement, des compagnies ou subdivisions de compagnie de sapeurs-pompiers volontaires, faisant partie de la garde nationale. Elles seront composées principalement d'anciens officiers et soldats du génie militaire, d'officiers et agents des ponts et chaussées et des mines, et d'ouvriers d'art.

Art. 41.

Dans les ports de commerce et dans les cantons maritimes, il pourra être formé des compagnies spéciales de marins et d'ouvriers marins, ayant pour service ordinaire la protection des navires et du matériel maritime situé sur les côtes et dans les ports.

Art. 42.

Toutes les compagnies spéciales concourront par arme et suivant leur forme numérique au service ordinaire de la garde nationale.

§ II. — *Formation des bataillons.*

Art. 43.

Le bataillon sera formé de quatre compagnies au moins et huit au plus.

Art. 44.

L'étt-major du bataillon sera composé :

D'un chef de bataillon, d'un adjudant-major capitaine, d'un porte-drapeau sous-lieutenant, d'un chirurgien-aide-major, d'un adjudant-sous-officier, d'un tambour-maître.

A Paris, lorsque la force effective d'un bataillon sera de mille hommes et plus, il pourra y avoir un chef de bataillon en second et un deuxième adjudant sous-officier (1).

ART. 45.

Dans toutes les communes où le nombre des gardes nationaux inscrits sur le contrôle du service ordinaire s'élèvera à plus de 500 hommes, la garde nationale sera formée par bataillons.

Lorsque, dans le cas prévu par l'article 4, une ordonnance du Roi aura prescrit la formation en bataillons des gardes nationales de plusieurs communes, cette ordonnance indiquera les communes dont les gardes nationales doivent participer à la formation du même bataillon.

La compagnie ou les compagnies d'une commune ne pourront jamais être réparties dans des bataillons différents.

ART. 46.

Les bataillons formés par les gardes nationales d'une même commune pourront seuls avoir chacun une compagnie de grenadiers et une de voltigeurs.

ART. 47.

Les compagnies de sapeurs-pompiers et de canonniers volontaires ne seront pas comprises dans la formation des bataillons de garde nationale; elles seront cependant, ainsi que les compagnies de cavalerie, sous les ordres du commandant de la garde communale ou cantonale.

§ III. — *Formation des légions.*

ART. 48.

Dans les cantons et dans les villes où la garde nationale présente

(1) Cette disposition a été modifiée de la manière suivante par l'article 9 de la loi du 14 juillet 1837 :

« A Paris, il y aura deux chefs de bataillon par bataillon dans chaque légion, quel que soit le « nombre d'hommes qui composent ce bataillon. »

au moins deux bataillons de 500 hommes chacun, elle pourra, d'après une ordonnance du Roi, être réunie par légions.

Dans aucun cas, la garde nationale ne pourra être formée par département ni par arrondissement de sous-préfecture.

Art. 49.

L'état-major d'une légion sera composé :

D'un chef de légion colonel, d'un lieutenant-colonel, d'un major chef de bataillon, d'un chirurgien-major, d'un tambour-major (1).

A Paris, et dans les villes où la nécessité en sera reconnue, il pourra y avoir près des légions un officier payeur et un capitaine d'armement.

SECTION IV.

DE LA NOMINATION AUX GRADES.

Art. 50.

Dans chaque commune, les gardes nationaux appelés à former une compagnie ou subdivision de compagnie se réuniront sans armes et sans uniforme pour procéder, en présence du président du conseil de recensement, assisté par les deux membres les plus âgés de ce conseil (2), à la nomination de leurs officiers, sous-officiers et caporaux, suivant les tableaux des articles 33, 35 et 37.

Si plusieurs communes sont appelées à former une compagnie, les gardes nationaux de ces communes se réuniront dans la commune la plus populeuse pour nommer leur capitaine, leur sergent-major et leur fourrier.

Art. 51.

L'élection des officiers aura lieu pour chaque grade successivement.

---

(1) Dans le département de la Seine, les rapporteurs près les jurys de révision nommés par le Roi font partie de l'état-major de la légion. (Article 7 de la loi du 14 juillet 1837.)

(2) Dans le département de la Seine, la condition d'âge pour les deux membres du conseil n'est plus exigée. D'après l'article 10 de la loi du 14 juillet 1837, « toutes les élections sont faites « sous la présidence du maire ou d'un adjoint, assisté de deux membres du conseil de recense- « ment. »

en commençant par le plus élevé, au scrutin individuel et secret, à la majorité absolue des suffrages.

Les sous-officiers et caporaux seront nommés à la majorité relative (1).

Le scrutin sera dépouillé par le président du conseil de recensement, assisté, comme il est dit dans l'article précédent, par au moins deux membres de ce conseil, lesquels rempliront les fonctions de scrutateurs.

ART. 52.

Dans les villes et communes qui ont plus d'une compagnie, chaque compagnie sera appelée séparément et tour à tour pour procéder à ses élections.

ART. 53.

Pour nommer le chef de bataillon et le porte-drapeau, tous les officiers du bataillon, réunis à pareil nombre de sous-officiers, caporaux ou gardes nationaux, formeront une assemblée convoquée et présidée par le maire de la commune, si le bataillon est communal, et par le maire délégué du sous-préfet, si le bataillon est cantonal.

Les sous-officiers, caporaux et gardes nationaux chargés de concourir à l'élection seront nommés dans chaque compagnie (2).

Tous les scrutins de l'élection seront individuels et secrets; il faudra la majorité absolue des suffrages (3).

---

(1) Dans le département de la Seine, les sergents-majors et fourriers sont élus sur bulletins individuels; les sergents et caporaux sur bulletins de liste. Dans les deux cas, l'élection a lieu à la majorité relative (article 14 de la loi du 14 juillet 1837).

(2) Dans le département de la Seine, les délégués sont élus sur bulletins de liste et à la majorité relative, immédiatement après les officiers. (Article 13 de la loi du 14 juillet 1837.)

(3) Sauf le cas d'élections générales ou de dissolution, les élections pour lesquelles les gardes nationaux peuvent être convoqués dans le département de la Seine ne sont valables, aux termes de l'article 14 de la loi du 14 juillet 1837 qu'autant que le tiers plus un des gardes nationaux convoqués y a pris part. Si le nombre des gardes nationaux présents est inférieur au tiers plus un, le même article exige qu'il soit procédé à ces élections par les officiers, sous-officiers, caporaux et délégués existant dans les compagnies.

ART. 54.

Les réclamations élevées relativement à l'inobservation des formes prescrites pour l'élection des officiers et sous-officiers seront portées devant le jury de révision, qui décidera sans recours (1).

ART. 55.

Si les officiers de tous grades, élus conformément à la loi, ne sont pas, au bout de deux mois, complétement armés, équipés et habillés suivant l'uniforme, ils seront considérés comme démissionnaires et remplacés sans délai (2).

ART. 56.

Les chefs de légion et les lieutenants-colonels seront choisis par le Roi, sur une liste de dix candidats, présentés, à la majorité relative, par la réunion, 1° de tous les officiers de la légion; 2° de tous les sous-officiers, caporaux et gardes nationaux désignés dans chacun des bataillons de la légion pour concourir au choix du chef de bataillon, comme il est dit article 53.

ART. 57.

Les majors, les adjudants-majors, chirurgiens-majors et aides-majors seront nommés par le Roi.

L'adjudant sous-officier sera nommé par le chef de légion ou de bataillon.

Le capitaine d'armement et l'officier-payeur seront nommés par le commandant supérieur ou le préfet, sur la présentation du chef de légion.

---

(1) D'après l'article 25 de la loi du 14 juillet 1837, le recours devant les jurys en matière d'élections n'est admissible, dans le département de la Seine, que s'il est formé par un garde national qui, ayant pris part aux opérations électorales, a fait connaître, séance tenante, au bureau, ou, dans les trois jours, à la mairie, la nature de ses réclamations. Le préfet à Paris et les sous-préfets peuvent, dans ce cas et dans le même délai, se pourvoir devant le jury de révision.

(2) Voir ci-après, page 25, la note relative à l'uniforme des gardes nationales dans le département de la Seine.

ART. 58.

Il sera nommé aux emplois autres que ceux désignés ci-dessus, sur la présentation du chef de corps, savoir :

Par le maire, lorsque la garde nationale sera communale,

Et par le sous-préfet, pour les bataillons cantonaux.

ART. 59.

Dans chaque commune, le maire fera reconnaître à la garde nationale assemblée sous les armes le commandant de cette garde. Celui-ci, en présence du maire, fera reconnaître les officiers.

Les fonctions du maire seront remplies, à Paris, par le préfet.

Pour les compagnies et bataillons qui comprennent plusieurs communes, le sous-préfet ou son délégué fera reconnaître l'officier commandant, en présence de la compagnie ou du bataillon assemblé.

Dans le mois de la promulgation de la loi, les officiers de tout grade, actuellement en fonctions, et à l'avenir ceux nouvellement élus, au moment où ils seront reconnus, prêteront serment de fidélité au Roi des Français et d'obéissance à la Charte constitutionnelle et aux lois du royaume.

ART. 60.

Les officiers, sous-officiers et caporaux seront élus pour trois ans. Ils pourront être réélus.

ART. 61.

Sur l'avis du maire et du sous-préfet, tout officier de la garde nationale pourra être suspendu de ses fonctions pendant deux mois, par arrêté motivé du préfet pris en conseil de préfecture, l'officier préalablement entendu dans ses observations.

L'arrêté du préfet sera transmis immédiatement par lui au ministre de l'intérieur.

Sur le rapport du ministre, la suspension pourra être prolongée par une ordonnance du Roi.

Si, dans le cours d'une année, ledit officier n'a pas été rendu à ses fonctions, il sera procédé à une nouvelle élection.

ART. 62.

Aussitôt qu'un emploi quelconque deviendra vacant, il sera pourvu au remplacement, suivant les formes établies par la présente loi (1).

ART. 63.

Les corps spéciaux suivront, pour leur formation et pour l'élection de leurs officiers, sous-officiers et caporaux, les règles prescrites par les articles 33 et suivants.

ART. 64.

Dans les communes où la garde nationale formera plusieurs légions, le Roi pourra nommer un commandant supérieur.

Il ne pourra être nommé de commandant supérieur des gardes nationales de tout un département, ou d'un même arrondissement de sous-préfecture.

Cette disposition n'est pas applicable au département de la Seine.

ART. 65.

Lorsque le Roi aura jugé à propos de nommer dans une commune un commandant supérieur, l'état-major sera fixé, quant au nombre et aux grades des officiers qui devront le composer, par une ordonnance du Roi.

Les officiers d'état-major seront nommés par le Roi, sur la présentation du commandant supérieur, qui ne pourra choisir les candidats que parmi les gardes nationaux de la commune.

---

(1) Dans le département de la Seine, la nomination aux grades qui viennent à vaquer dans l'intervalle d'une élection générale à l'autre n'a lieu que selon les besoins du service. (Art. 15 de la loi du 14 juillet 1837.)

ART. 66.

Il ne pourra y avoir dans la garde nationale aucun grade sans emploi.

ART. 67.

Aucun officier exerçant un emploi actif dans les armées de terre ou de mer ne pourra être nommé officier ni commandant supérieur des gardes nationales en service ordinaire.

SECTION V.

DE L'UNIFORME, DES ARMES ET DES PRÉSÉANCES.

ART. 68.

L'uniforme des gardes nationales sera déterminé par une ordonnance du Roi : les signes distinctifs des grades seront les mêmes que ceux de l'armée (1).

ART. 69.

Lorsque le Gouvernement jugera nécessaire de délivrer des armes de guerre aux gardes nationales, le nombre d'armes reçues sera constaté dans chaque municipalité au moyen d'états émargés par les gardes nationaux, à l'instant où les armes leur seront délivrées.

L'entretien de l'armement est à la charge du garde national, et les réparations, en cas d'accident causé par le service, sont à la charge de la commune.

Les gardes nationaux et les communes sont responsables des armes qui leur auront été délivrées : ces armes restent la propriété de l'État (2).

Les armes seront poinçonnées et numérotées.

---

(1) L'uniforme des gardes nationales dans le département de la Seine a été définitivement fixé par une ordonnance royale du 16 mars 1846.

Aux termes de l'article 19 de la loi du 14 juillet 1837, cet uniforme est obligatoire pour tous les gardes nationaux qui n'en sont pas dispensés par le conseil de recensement.

(2) L'article 28 de la loi du 14 juillet 1837 confère au préfet du département de la Seine, dans les cas de suspension ou de dissolution de gardes nationales prévus par l'article 5 de la loi du 22 mars 1831, le droit d'ordonner le dépôt des armes dans un lieu déterminé, sous les peines portées par l'article 3 de la loi du 24 mai 1834.

Art. 70.

Les diverses armes dont se compose la garde nationale sont assimilées, pour le rang à conserver entre elles, aux armes correspondantes des forces régulières.

Art. 71.

Toutes les fois que la garde nationale sera réunie, les différents corps prendront la place qui leur sera assignée par le commandant supérieur.

Art. 72.

Dans tous les cas où les gardes nationales serviront avec les corps soldés, elles prendront le rang sur eux.

Le commandement, dans les fêtes ou cérémonies civiles, appartiendra à celui des officiers des divers corps qui aura la supériorité du grade, ou, à grade égal, à celui qui sera le plus ancien.

SECTION VI.

ORDRE DU SERVICE ORDINAIRE.

Art. 73.

Le règlement relatif au service ordinaire, aux revues et aux exercices, sera arrêté par le maire, sur la proposition du commandant de la garde nationale, et approuvé par le sous-préfet.

Les chefs pourront, en se conformant à ce règlement, et sans réquisition particulière, mais après en avoir prévenu l'autorité municipale, faire toutes les dispositions et donner tous les ordres relatifs au service ordinaire, aux revues et aux exercices.

Dans les villes de guerre, la garde nationale ne pourra prendre les armes, ni sortir des barrières, qu'après que le maire en aura informé par écrit le commandant de la place.

Art. 74.

Lorsque la garde nationale des communes sera organisée en bataillons cantonaux, le règlement sur les exercices et revues sera arrêté par le sous-préfet, sur la proposition de l'officier le plus élevé en grade du canton, et sur l'avis des maires des communes.

Art. 75.

Le préfet pourra suspendre les revues et exercices dans les communes et dans les cantons de son département, à la charge d'en rendre immédiatement compte au ministre de l'intérieur.

Art. 76.

Pour l'ordre du service, il sera dressé par les sergents-majors un contrôle de chaque compagnie, signé du capitaine, et indiquant les jours où chaque garde national aura fait un service.

Art. 77.

Dans les communes où la garde nationale est organisée par bataillons, l'adjudant-major tiendra un état, par compagnie, des hommes commandés chaque jour dans son bataillon.

Cet état servira à contrôler le rôle de chaque compagnie.

Art. 78.

Tout garde national commandé pour le service devra obéir, sauf à réclamer, s'il s'y croit fondé, devant le chef du corps.

SECTION VII.

DE L'ADMINISTRATION.

Art. 79.

La garde nationale est placée, pour son administration et sa comptabilité, sous l'autorité administrative et municipale.

Les dépenses de la garde nationale sont votées, réglées et surveillées comme toutes les autres dépenses municipales.

Art. 80.

Il y aura, dans chaque légion ou dans chaque bataillon formé par les gardes nationaux d'une même commune, un conseil d'administration chargé de présenter annuellement au maire l'état des dépenses nécessaires, et de viser les pièces justificatives de l'emploi fait des fonds.

Le conseil sera composé du commandant de la garde nationale, qui présidera, et de six membres choisis parmi les officiers, sous-officiers et gardes nationaux.

Il y aura également, par bataillon cantonal, un conseil d'administration chargé des mêmes fonctions, et qui devra présenter au sous-préfet l'état des dépenses résultant de la formation du bataillon.

Les membres du conseil d'administration seront nommés par le préfet, sur une liste triple de candidats présentés par le chef de légion, ou par le chef de bataillon dans les communes où il n'est pas formé de légion.

Dans les communes où la garde nationale comprendra une ou plusieurs compagnies non réunies en bataillon, l'état des dépenses sera soumis au maire par le commandant de la garde nationale.

Art. 81.

Les dépenses ordinaires de la garde nationale sont :

1° Les frais d'achat des drapeaux, des tambours et des trompettes;

2° La partie d'entretien des armes qui ne sera pas à la charge individuelle des gardes nationaux ;

3° Les frais de registres, papiers, contrôles, billets de garde, et tous les menus frais de bureau qu'exigera le service de la garde nationale.

Les dépenses extraordinaires sont :

1° Dans les villes qui, d'après l'article 64, recevront un commandant supérieur, les frais d'indemnités pour dépenses indispensables de ce commandant et de son état-major ;

2° Dans les communes et les cantons où seront formés des bataillons ou légions, les appointements des majors, adjudants-majors et adjudants-sous-officiers, si ces fonctions ne peuvent pas être exercées gratuitement;

3° L'habillement et la solde des tambours et trompettes.

Les conseils municipaux jugeront de la nécessité de ces dépenses.

Lorsqu'il sera créé des bataillons cantonaux, la répartition de la portion afférente à chaque commune du canton, dans les dépenses du bataillon, autres que celles des compagnies, sera faite par le préfet en conseil de préfecture, après avoir pris l'avis des conseils municipaux.

SECTION VIII.

§ Ier. — *Des peines.*

Art. 82.

Les chefs de poste pourront employer contre les gardes nationaux de service les moyens de répression qui suivent:

1° Une faction hors de tour contre tout garde national qui aura manqué à l'appel ou se sera absenté du poste sans autorisation (1);

2° La détention dans la prison du poste, jusqu'à la relevée de la garde, contre tout garde national de service en état d'ivresse, ou qui se sera rendu coupable de bruit, tapage, voies de fait, ou de provocation au désordre ou à la violence, sans préjudice du renvoi au conseil de discipline, si la faute emporte une punition plus grave.

Art. 83.

Sur l'ordre du chef du corps, indépendamment du service régulièrement commandé, et que le garde national, le caporal ou le sous-

(1) D'après l'article 20 de la loi du 14 juillet 1837, peuvent être considérées comme refus de service et passibles des peines prévues par les articles 85, 86 et 89 de la loi du 22 mars 1831, l'arrivée tardive au poste, l'absence du poste sans autorisation et l'absence autorisée prolongée au delà du terme fixé.

officier doit accomplir, il sera tenu de monter une garde hors de tour, lorsqu'il aura manqué pour la première fois au service.

ART. 84.

Les conseils de discipline pourront, dans les cas énumérés ci-après, infliger les peines suivantes :

1° La réprimande;

2° Les arrêts pour trois jours au plus;

3° La réprimande avec mise à l'ordre;

4° La prison pour trois jours au plus;

5° La privation du grade.

Si, dans les communes où s'étend la juridiction du conseil de discipline, il n'éxiste ni prison ni local pouvant en tenir lieu, ce conseil pourra commuer la peine de prison en une amende d'une journée à dix journées de travail.

ART. 85.

Sera puni de la réprimande l'officier qui aura commis une infraction, même légère, aux règles du service.

ART. 86.

Sera puni de la réprimande avec mise à l'ordre, l'officier qui, étant de service ou en uniforme, tiendra une conduite propre à porter atteinte à la discipline de la garde nationale ou à l'ordre public.

ART. 87.

Sera puni des arrêts ou de la prison, suivant la gravité des cas, tout officier qui, étant de service, se sera rendu coupable des fautes suivantes :

1° La désobéissance et l'insubordination;

2° Le manque de respect, les propos offensants et les insultes envers des officiers d'un grade supérieur;

3° Tout propos outrageant envers un subordonné, et tout abus d'autorité;

4° Tout manquement à un service commandé;
5° Toute infraction aux règles de service.

Art. 88.

Les peines énoncées dans les articles 85 et 86 pourront, dans les mêmes cas, et suivant les circonstances, être appliquées aux sous-officiers, caporaux et gardes nationaux.

Art. 89.

Pourra être puni de la prison, pendant un temps qui ne pourra excéder deux jours, et, en cas de récidive, trois jours (1) :

1° Tout sous-officier, caporal et garde national coupable de désobéissance et d'insubordination, ou qui aura refusé, pour la seconde fois, un service d'ordre et de sûreté (2);

2° Tout sous-officier, caporal et garde national qui, étant de service, sera dans un état d'ivresse, ou tiendra une conduite qui porte atteinte à la discipline de la garde nationale ou à l'ordre public;

3° Tout garde national qui, étant de service, aura abandonné ses armes ou son poste avant qu'il ne soit relevé.

Art. 90.

Sera privé de son grade tout officier, sous-officier ou caporal, qui, après avoir subi une condamnation du conseil de discipline, se rendra coupable d'une faute qui entraîne l'emprisonnement, s'il s'est écoulé moins d'un an depuis la première condamnation. Pourra égale-

---

(1) Voir l'article 22 de la loi du 14 juillet 1837, relativement aux peines qui, dans le département de la Seine, peuvent être prononcées contre les tambours-majors, tambours-maîtres, tambours et trompettes.

(2) Dans le département de la Seine, sont considérés comme services commandés et obligatoires, sous les peines portées en l'article 80, tous les services ordonnés dans la forme ordinaire, ainsi que les prises d'armes pour service d'ordre et de sûreté annoncées par voie de rappel, et les réunions pour inspection d'armes. (Art. 20 de la loi du 14 juillet 1837.)

ment être privé de son grade, tout officier, sous-officier et caporal, qui aura abandonné son poste avant qu'il ne soit relevé.

Tout officier, sous-officier et caporal privé de son grade par jugement ne pourra être réélu qu'aux élections générales.

ART. 91.

Le garde national prévenu d'avoir vendu à son profit les armes de guerre ou les effets d'équipement qui lui ont été confiés par l'État ou par les communes sera renvoyé devant le tribunal de police correctionnelle, pour y être poursuivi à la diligence du ministère public, et puni, s'il y a lieu, de la peine portée en l'article 408 du Code pénal, sauf l'application, le cas échéant, de l'article 463 dudit Code. Le jugement de condamnation prononcera la restitution, au profit de l'État ou de la commune, du prix des armes ou effets vendus.

ART. 92.

Tout garde national qui, dans l'espace d'une année, aura subi deux condamnations du conseil de discipline pour refus de service, sera, pour la troisième fois, traduit devant les tribunaux de police correctionnelle, et condamné à un emprisonnement qui ne pourra être moindre de cinq jours ni excéder dix jours.

En cas de récidive, l'emprisonnement ne pourra être moindre de dix jours ni excéder vingt jours.

Il sera, en outre, condamné aux frais et à une amende qui ne pourra être moindre de 5 francs ni excéder 15 francs, dans le premier cas: et dans le deuxième, être moindre de 15 francs ni excéder 50 francs.

ART. 93.

Tout chef de corps, poste ou détachement de la garde nationale, qui refusera d'obtempérer à une réquisition des magistrats ou fonctionnaires investis du droit de requérir la force publique, ou qui aura agi sans réquisition et hors des cas prévus par la loi, sera poursuivi devant les tribunaux, et puni conformément aux articles 234 et 258 du Code pénal.

La poursuite entraînera la suspension, et, s'il y a condamnation, la perte du grade.

§ II. — *Des conseils de discipline.*

ART. 94.

Il y aura un conseil de discipline,

1° Par bataillon communal ou cantonal;

2° Par commune ayant une ou plusieurs compagnies non réunies en bataillon;

3° Par compagnie formée de gardes nationaux de plusieurs communes.

ART. 95.

Dans les villes qui comprendront une ou plusieurs légions, il y aura un conseil de discipline pour juger les officiers supérieurs de légion (1) et officiers d'état-major non justiciables des conseils de discipline ci-dessus (2).

ART. 96.

Le conseil de discipline de la garde nationale d'une commune ayant une ou plusieurs compagnies non réunies en bataillon, et celui d'une compagnie formée de gardes nationaux de plusieurs communes, seront composés de cinq juges, savoir :

Un capitaine président, un lieutenant ou un sous-lieutenant, un sergent, un caporal et un garde national.

---

(1) Voir l'article 23 de la loi du 14 juillet 1837, en ce qui concerne la composition du conseil supérieur de discipline du département de la Seine, et la marche que doit suivre ce conseil lorsqu'il s'agit de juger soit des officiers de l'état-major général, soit des officiers de légion.

(2) Voir également, article 21 de la loi du 14 juillet 1837, les peines dont peuvent être passibles, dans le département de la Seine, les officiers d'état-major non justiciables des conseils de discipline des bataillons, tels que les majors et adjudants-majors soldés.

5

ART. 97.

Le conseil de discipline du bataillon sera composé de sept juges, savoir : le chef de bataillon président, un capitaine, un lieutenant ou un sous-lieutenant, un sergent, un caporal et deux gardes nationaux.

ART. 98.

Le conseil de discipline, pour juger les officiers supérieurs et officiers d'état-major, sera composé de sept juges, savoir : d'un chef de légion président, de deux chefs de bataillon, deux capitaines et deux lieutenants ou sous-lieutenants.

ART. 99.

Lorsqu'une compagnie sera formée des gardes nationaux de plusieurs communes, le conseil de discipline siégera dans la commune la plus populeuse.

ART. 100.

Dans le cas où le prévenu serait officier, deux officiers du grade du prévenu entreront dans le conseil de discipline, et remplaceront les deux derniers membres.

S'il n'y a pas dans la commune deux officiers du grade du prévenu, le sous-préfet les désignera par la voie du sort parmi ceux du canton; et, s'il ne s'en trouve pas dans le canton, parmi ceux de l'arrondissement.

S'il s'agit de juger un chef de bataillon, le préfet désignera par la voie du sort deux chefs de bataillon des cantons ou des arrondissements circonvoisins.

ART. 101.

Il y aura, par conseil de discipline de bataillon ou de légion, un rapporteur ayant rang de capitaine ou de lieutenant, et un secrétaire ayant rang de lieutenant ou de sous-lieutenant.

Dans les villes où il se trouvera plusieurs légions, il y aura, par conseil de discipline, un rapporteur adjoint et un secrétaire adjoint, du grade inférieur à celui du rapporteur et du secrétaire (1).

Art. 102.

Lorsque la garde nationale d'une commune ne formera qu'une ou plusieurs compagnies non réunies en bataillon, un officier ou un sous-officier remplira les fonctions de rapporteur, et un sous-officier celles de secrétaire du conseil de discipline.

Art. 103.

Le sous-préfet choisira l'officier ou les sous-officiers rapporteurs et secrétaires du conseil de discipline, sur des listes de trois candidats désignés par le chef de légion, ou, s'il n'y a pas de légion, par le chef de bataillon.

Dans les communes où il n'y pas de bataillon, des listes de candidats seront dressées par le plus ancien capitaine.

Les rapporteurs, rapporteurs adjoints, secrétaires et secrétaires adjoints, seront nommés pour trois ans; ils pourront être réélus.

Le préfet, sur le rapport des maires et des chefs de corps, pourra les révoquer; il sera, dans ce cas, procédé immédiatement à leur remplacement par le mode de nomination ci-dessus indiqué.

Art. 104.

Les conseils de discipline sont permanents; ils ne pourront juger que lorsque cinq membres au moins seront présents dans les conseils de bataillon et de légion, et trois membres au moins dans les conseils de compagnie. Les juges seront renouvelés tous les quatre mois. Néanmoins, lorsqu'il n'y aura pas d'officiers du même grade que le président ou les juges du conseil de discipline, ceux-ci ne seront pas remplacés.

---

(1) La loi du 30 avril 1846 a ajouté le paragraphe suivant :

« Cette dernière disposition sera appliquée de droit à tous les conseils de discipline des légions « du département de la Seine. »

Art. 105.

Le président du conseil de recensement, assisté du chef de bataillon, ou du capitaine commandant, si les compagnies ne sont pas réunies en bataillon, formera, d'après le contrôle du service ordinaire, un tableau général, par grade et par rang d'âge, de tous les officiers, sous-officiers et caporaux et d'un nombre double de gardes nationaux de chaque bataillon, ou des compagnies de la commune, ou de la compagnie formée de plusieurs communes (1).

Ils déposeront ce tableau, signé par eux, au lieu des séances des conseils de discipline, où chaque garde national pourra en prendre connaissance.

Art. 106.

Lorsque la garde nationale d'une commune ou d'un canton n'aura qu'un seul conseil de discipline, les gardes nationaux faisant partie des corps d'artillerie, de sapeurs-pompiers et de cavalerie, seront justiciables de ce conseil.

S'il y a plusieurs bataillons dans le même canton, les gardes nationaux ci-dessus désignés seront justiciables du même conseil de discipline que les compagnies de leur commune.

S'il y a plusieurs bataillons dans la même commune, le préfet déterminera de quels conseils de discipline les mêmes gardes nationaux seront justiciables.

Dans ces trois cas, les officiers, sous-officiers, caporaux et gardes nationaux des corps ci-dessus désignés concourront pour la formation du tableau du conseil de discipline.

Lorsqu'en vertu d'une ordonnance du Roi les corps d'artillerie et de cavalerie seront réunis en légion, ils auront un conseil de discipline particulier.

---

(1) Voir les modifications que l'article 24 de la loi du 14 juillet 1837 a apportées à la formation du tableau des membres des conseils de discipline dans le département de la Seine.

ART. 107.

Les juges de chaque grade ou gardes nationaux seront pris successivement d'après l'ordre de leur inscription au tableau.

ART. 108.

Tout garde national qui aura été condamné trois fois par le conseil de discipline, ou une fois par le tribunal de police correctionnelle, sera rayé, pour une année, du tableau servant à former le conseil de discipline.

ART. 109.

Toute réclamation pour être réintégré sur le tableau, ou pour en faire rayer un garde national, sera portée devant le jury de révision.

§ III. — *De l'instruction et des jugements.*

ART. 110.

Le conseil de discipline sera saisi, par le renvoi que lui fera le chef de corps, de tous rapports, ou procès-verbaux, ou plaintes constatant les faits qui peuvent donner lieu au jugement de ce conseil.

ART. 111.

Les plaintes, rapports et procès-verbaux seront adressés à l'officier rapporteur, qui fera citer le prévenu à la plus prochaine des séances du conseil.

Le secrétaire enregistrera les pièces ci-dessus.

La citation sera portée à domicile par un agent de la force publique.

ART. 112.

Les rapports, procès-verbaux ou plaintes constatant des faits qui donneraient lieu à la mise en jugement devant le conseil de discipline du commandant de la garde nationale d'une commune, seront adressés au maire, qui en référera au sous-préfet. Celui-ci procédera à la composition du conseil de discipline, conformément à l'article 100.

ART. 113.

Le président du conseil convoquera les membres sur la réquisition de l'officier rapporteur, toutes les fois que le nombre et l'urgence des affaires lui paraîtront l'exiger.

ART. 114.

En cas d'absence, tout membre du conseil de discipline, non valablement excusé, sera condamné à une amende de 5 francs par le conseil de discipline, et il sera remplacé par l'officier, sous-officier, caporal ou garde national, qui devra être appelé immédiatement après lui.

Dans les conseils de discipline des bataillons cantonaux, le juge absent sera remplacé par l'officier, sous-officier, caporal ou garde national du lieu où siége le conseil, qui devra être appelé d'après l'ordre du tableau.

ART. 115.

Le garde national cité comparaîtra en personne ou par un fondé de pouvoirs.

Il pourra être assisté d'un conseil.

ART. 116.

Si le prévenu ne comparaît pas au jour et à l'heure fixés par la citation, il sera jugé par défaut.

L'opposition au jugement par défaut devra être formée dans le délai de trois jours, à compter de la notification du jugement. Cette opposition pourra être faite par déclaration au bas de la signification. L'opposant sera cité pour comparaître à la plus prochaine séance du conseil de discipline.

S'il n'y a pas opposition, ou si l'opposant ne comparaît pas à la séance indiquée, le jugement par défaut sera définitif.

ART. 117.

L'instruction de chaque affaire devant le conseil sera publique, à peine de nullité.

La police de l'audience appartiendra au président, qui pourra faire expulser ou arrêter quiconque troublerait l'ordre.

Si le trouble est causé par un délit, il en sera dressé procès-verbal.

L'auteur du trouble sera jugé de suite par le conseil, si c'est un garde national, et si la faute n'emporte qu'une peine que le conseil puisse prononcer.

Dans tout autre cas, le prévenu sera renvoyé, et le procès-verbal transmis au procureur du Roi.

ART. 118.

Les débats devant le conseil auront lieu dans l'ordre suivant :

Le secrétaire appellera l'affaire.

En cas de récusation, le conseil statuera. Si la récusation est admise, le président appellera, dans les formes indiquées par l'article 114, les juges suppléants nécessaires pour compléter le conseil.

Si le prévenu décline la juridiction du conseil de discipline, le conseil statuera d'abord sur sa compétence; s'il se déclare incompétent, l'affaire sera renvoyée devant qui de droit.

Le secrétaire lira le rapport, le procès-verbal ou la plainte, et les pièces à l'appui.

Les témoins, s'il en a été appelé par le rapporteur et le prévenu, seront entendus.

Le prévenu ou son conseil sera entendu.

Le rapporteur résumera l'affaire et donnera ses conclusions.

L'inculpé ou son fondé de pouvoirs et son conseil pourront proposer leurs observations.

Ensuite le conseil délibérera en secret et hors de la présence du rapporteur, et le président prononcera le jugement.

Art. 119.

Les mandats d'exécution de jugement des conseils de discipline seront délivrés dans la même forme que ceux des tribunaux de simple police.

Art. 120.

Il n'y aura de recours contre les jugements définitifs des conseils de discipline que devant la cour de cassation, pour incompétence ou excès de pouvoirs, ou contravention à la loi.

Le pourvoi en cassation ne sera suspensif qu'à l'égard des jugements prononçant l'emprisonnement, et sera dispensé de la mise en état.

Dans tous les cas, ce recours ne sera assujetti qu'au quart de l'amende établie par la loi.

Art. 121.

Tous actes de poursuite devant les conseils de discipline, tous jugements, recours et arrêts rendus en vertu de la présente loi, seront dispensés du timbre et enregistrés gratis.

Art. 122.

Le garde national condamné aura trois jours francs, à partir du jour de la notification, pour se pourvoir en cassation.

TITRE IV.

MESURES EXCEPTIONNELLES ET TRANSITOIRES POUR LA GARDE NATIONALE EN SERVICE ORDINAIRE.

Art. 123.

Dans les trois mois qui suivront la promulgation de la présente loi, il sera procédé à une nouvelle élection d'officiers, sous-officiers et caporaux dans tous les corps de la garde nationale.

Néanmoins, le Gouvernement pourra suspendre pendant un an

la réélection des officiers dans les localités où il le jugera convenable.

Art. 124.

Le Roi pourra suspendre l'organisation de la garde nationale pour une année dans les communes qui forment un ou plusieurs cantons, et dans les communes rurales pour un temps qui ne pourra excéder trois ans.

Les délais ne pourront être prorogés qu'en vertu d'une loi.

Art. 125.

Les organisations actuelles de la garde nationale par compagnies, par bataillons et par légions, qui ne se trouveraient pas conformes aux dispositions de la présente loi, pourront être provisoirement maintenues par une ordonnance du Roi, sans toutefois que cette autorisation puisse dépasser l'époque du 1er janvier 1832.

Art. 126.

Les compagnies qui dépassent le maximum fixé par la présente loi ne recevront pas de nouvelles incorporations jusqu'à ce qu'elles soient rentrées dans les limites voulues par cette loi, à moins que toutes les compagnies du bataillon ne soient au complet.

TITRE V.

DES DÉTACHEMENTS DE LA GARDE NATIONALE.

SECTION Ire.

APPEL ET SERVICE DES DÉTACHEMENTS.

Art. 127.

La garde nationale doit fournir des détachements dans les cas suivants :

1° Fournir par détachements, en cas d'insuffisance de la gendarmerie et de la troupe de ligne, le nombre d'hommes nécessaire pour escorter d'une ville à l'autre les convois de fonds ou d'effets appartenant à l'État, et pour la conduite des accusés, des condamnés et autres prisonniers;

2° Fournir des détachements pour porter secours aux communes, arrondissements et départements voisins qui seraient troublés ou menacés par des émeutes ou des séditions, ou par l'incursion de voleurs, brigands et autres malfaiteurs.

Art. 128.

Lorsqu'il faudra porter secours d'un lieu dans un autre pour le maintien ou le rétablissement de l'ordre et de la paix publique, des détachements de la garde nationale, en service ordinaire, seront fournis afin d'agir dans toute l'étendue de l'arrondissement, sur la réquisition du sous-préfet; dans toute l'étendue du département, sur la réquisition du préfet; enfin, s'il faut agir hors du département, en vertu d'une ordonnance du Roi.

En cas d'urgence et sur la demande écrite du maire d'une commune en danger, les maires des communes limitrophes, sans distinction de département, pourront néanmoins requérir un détachement de la garde nationale de marcher immédiatement sur le point menacé, sauf à rendre compte, dans le plus bref délai, du mouvement et des motifs à l'autorité supérieure.

Dans tous ces cas, les détachements de la garde nationale ne cesseront pas d'être sous l'autorité civile. L'autorité militaire ne prendra le commandement des détachements de la garde nationale pour le maintien de la paix publique que sur la réquisition de l'autorité administrative.

Art. 129.

L'acte en vertu duquel, dans les cas déterminés par les deux articles précédents, la garde nationale est appelée à faire un service de détachement, fixera le nombre des hommes requis.

ART. 130.

Lors de l'appel fait conformément aux articles précédents, le maire, assisté du commandant de la garde nationale de chaque commune, formera les détachements parmi les hommes inscrits sur le contrôle du service ordinaire, en commençant par les célibataires et les moins âgés.

ART. 131.

Lorsque les détachements des gardes nationales s'éloigneront de leur commune pendant plus de vingt-quatre heures, ils seront assimilés à la troupe de ligne pour la solde, l'indemnité de route et les prestations en nature.

ART. 132.

Les détachements à l'intérieur ne pourront être requis de faire un service, hors de leurs foyers, de plus de dix jours, sur la réquisition du sous-préfet; de plus de vingt jours, sur la réquisition du préfet; et de plus de soixante jours, en vertu d'une ordonnance du Roi.

SECTION II.

DISCIPLINE.

ART. 133.

Lorsque, conformément à l'article 127, la garde nationale devra fournir des détachements en service ordinaire, sur la réquisition du sous-préfet, du préfet, ou en vertu d'une ordonnance du Roi, les peines de discipline seront fixées ainsi qu'il suit :

Pour les officiers : 1° les arrêts simples pour dix jours au plus; 2° la réprimande avec mise à l'ordre; 3° les arrêts de rigueur pour six jours au plus; 4° la prison pour trois jours au plus. Pour les sous-officiers, caporaux et soldats : 1° la consigne pour dix jours au plus; 2° la réprimande avec mise à l'ordre; 3° la salle de discipline pour six jours au plus; 4° la prison pour quatre jours au plus.

ART. 134.

Les peines des arrêts de rigueur, de la prison et de la réprimande avec mise à l'ordre, ne pourront être infligées que par le chef du corps; les autres peines pourront l'être par tout supérieur à son inférieur, à la charge d'en rendre compte dans les vingt-quatre heures, en observant la hiérarchie des grades.

ART. 135.

La privation du grade, pour les causes énoncées dans les articles 90 et 93, sera prononcée par un conseil de discipline, composé ainsi qu'il est dit à la section VIII du titre III.

Il n'y aura qu'un seul conseil de discipline pour tous les détachements formés d'un même arrondissement de sous-préfecture.

ART. 136.

Tout garde national désigné pour faire partie d'un détachement, qui refusera d'obtempérer à la réquisition, ou qui quittera le détachement sans autorisation, sera traduit en police correctionnelle, et puni d'un emprisonnement qui ne pourra excéder un mois; s'il est officier, sous-officier ou caporal, il sera, en outre, privé de son grade.

Disposition commune aux deux titres précédents.

ART. 137.

Les gardes nationaux blessés pour cause de service auront droit aux secours, pensions et récompenses que la loi accorde aux militaires en activité de service.

TITRE VI.

DES CORPS DÉTACHÉS DE LA GARDE NATIONALE POUR LE SERVICE DE GUERRE (1).

SECTION Ire.

APPEL ET SERVICE DES CORPS DÉTACHÉS.

ART. 138.

La garde nationale doit fournir des corps détachés pour la défense

---

(1) Voir ci-après la loi du 19 avril 1832 concernant la mobilisation éventuelle des gardes nationales.

des places fortes, des côtes et des frontières du royaume, comme auxiliaires de l'armée active.

Le service de guerre des corps détachés de la garde nationale, comme auxiliaires de l'armée, ne pourra pas durer plus d'une année.

Art. 139.

Les corps détachés ne pourront être tirés de la garde nationale qu'en vertu d'une loi spéciale, ou pendant l'absence des Chambres, par une ordonnance du Roi, qui sera convertie en loi lors de la première session.

Art. 140.

L'acte en vertu duquel la garde nationale est appelée à fournir des corps détachés pour le service de guerre fixera le nombre des hommes requis.

SECTION II.

DÉSIGNATION DES GARDES NATIONAUX POUR LA FORMATION DES CORPS DÉTACHÉS.

Art. 141.

Lors de l'appel fait en vertu d'une loi ou d'une ordonnance, conformément à l'article 139, les corps détachés de la garde nationale se composeront :

1° Des gardes nationaux qui se présenteront volontairement, et qui seront trouvés propres au service actif;

2° Des jeunes gens de dix-huit à vingt ans qui se présenteront volontairement et qui seront également reconnus propres au service actif;

3° Si ces enrôlements ne suffisaient pas pour compléter le contingent demandé, les hommes seront désignés dans l'ordre spécifié dans l'article 143 ci-après.

Art. 142.

Les jeunes gens de dix-huit à vingt ans, enrôlés volontaires ou remplaçants dans les corps détachés de la garde nationale, resteront soumis à la loi du recrutement.

Mais le temps que les volontaires auront servi dans les corps détachés de la garde nationale leur comptera en déduction de leur service dans l'armée régulière, si plus tard ils y sont appelés.

Art. 143.

Les désignations des gardes nationaux pour les corps détachés seront faites par le conseil de recensement de chaque commune, parmi tous les inscrits sur le contrôle du service ordinaire, et sur celui du service extraordinaire dans l'ordre qui suit (1) :

Première classe, les célibataires ;

Seront considérés comme célibataires tous ceux qui, postérieurement à la promulgation de la présente loi, se marieraient avant d'avoir atteint l'âge de vingt-trois ans;

2° Les veufs sans enfants; 3° les mariés sans enfants; 4° les mariés avec enfants.

Art. 144.

Pour la classe des célibataires, les contingents seront répartis proportionnellement au nombre d'hommes appartenant à chaque année, depuis vingt jusqu'à trente-cinq ans.

Dans chaque année, la désignation se fera d'après l'âge.

Pour chaque année depuis vingt ans jusqu'à vingt-trois, les veufs et mariés seront considérés comme plus âgés que les célibataires de cette année, auxquels ils sont assimilés, par l'article 143, § 1er.

Dans chacune des autres classes successives, les appels seront toujours faits en commençant par les moins âgés, jusqu'à l'âge de trente ans.

---

(1) Voir ci-après l'article 2 de la loi du 19 avril 1832, relative à la formation d'un contrôle permanent des citoyens mobilisables suivant les conditions d'âge et de classes prescrites par l'article 143, dont il s'agit.

ART. 145.

L'aîné d'orphelins mineurs de père et de mère, le fils unique ou l'aîné des fils, ou, à défaut de fils, le petit-fils ou l'aîné des petits-fils d'une femme actuellement veuve, d'un père aveugle ou d'un vieillard septuagénaire, prendront rang dans l'appel au service des corps détachés entre les mariés sans enfants et les mariés avec enfants.

ART. 146.

En cas de réclamations pour les désignations faites par le conseil de recensement, il sera statué par le jury de révision (1).

ART. 147.

Ne sont point aptes au service des corps détachés :

1° Les gardes nationaux qui n'auront point la taille fixée par la loi du recrutement;

2° Ceux que des infirmités constatées rendront impropres au service militaire.

ART. 148.

L'aptitude au service sera jugée par un conseil de révision (2) qui se réunira dans le lieu où devra se former le bataillon.

Le conseil se composera de sept membres, savoir :

Le préfet, président, et à son défaut le conseiller de préfecture qu'il aura délégué;

Trois membres du conseil de recensement, désignés par le préfet parmi les membres des conseils de recensement des communes qui concourront à la formation du bataillon;

Le chef de bataillon;

Et deux des capitaines dudit bataillon, nommés par le général commandant la subdivision militaire ou du département.

(1) L'article 3 de la loi du 19 avril 1832 a transporté cette attribution du jury de révision au conseil de révision institué par l'article 148.

(2) Voir, à l'article 4 de la loi du 19 avril 1832, la composition des conseils de révision.

ART. 149.

Les conseils de révision apprécieront les motifs d'exemption relatifs au nombre des enfants.

ART. 150.

Les gardes nationaux qui ont des remplaçants à l'armée ne sont pas dispensés du service de la garde nationale dans les corps détachés ; toutefois ils ne prendront rang dans l'appel qu'après les veufs sans enfants.

ART. 151.

Le garde national désigné pour faire partie d'un corps détaché pourra se faire remplacer par un Français âgé de 18 ans à 40 ans.

Le remplaçant devra être agréé par le conseil de révision.

ART. 152.

Si le remplaçant est appelé à servir pour son compte dans un corps détaché de la garde nationale, le remplacé sera tenu d'en fournir un autre ou de marcher lui-même.

ART. 153.

Le remplacé sera, pour le cas de désertion, responsable de son remplaçant.

ART. 154.

Lorsqu'un garde national, porté sur le rôle du service ordinaire, se sera fait remplacer dans un corps détaché de la garde nationale, il ne cessera pas pour cela de concourir au service ordinaire de la garde nationale.

SECTION III.

FORMATION, NOMINATION AUX EMPLOIS, ET ADMINISTRATION DES CORPS DÉTACHÉS DE LA GARDE NATIONALE.

ART. 155.

Les corps détachés de la garde nationale, en vertu des articles

138 et 139, seront organisés par bataillon d'infanterie, et par escadron ou compagnie pour les autres armes. Le Roi pourra ordonner la réunion de ces bataillons ou escadrons en légions (1).

ART. 156.

Des ordonnances du Roi détermineront l'organisation des bataillons, escadrons et compagnies; le nombre, le grade des officiers, la composition et l'installation des conseils d'administration.

ART. 157.

Pour la première organisation, les caporaux et sous-officiers, les sous-lieutenants et lieutenants seront élus par les gardes nationaux. Néanmoins, les fourriers, sergents-majors, maréchaux des logis chefs, et adjudants sous-officiers, seront désignés par les capitaines et nommés par les chefs de corps.

Les officiers comptables, les adjudants-majors, les capitaines et les officiers supérieurs seront à la nomination du Roi.

ART. 158.

Les officiers à la nomination du Roi pourront être pris indistinctement dans la garde nationale, dans l'armée ou parmi les militaires en retraite.

ART. 159.

Les corps détachés de la garde nationale, comme auxiliaires de l'armée, sont assimilés, pour la solde et les prestations en nature, à la troupe de ligne.

Une ordonnance du Roi déterminera les premières mises, les masses et les accessoires de la solde.

Les officiers, sous-officiers et soldats jouissant d'une pension de retraite, cumuleront, pendant la durée du service, avec la solde

(1) Voir l'article 5 de la loi du 19 avril 1832, relatif à la formation des compagnies ou subdivisions de compagnie par canton et de bataillons ou de subdivisions de bataillon par arrondissement.

d'activité des grades qu'ils auront obtenus dans les corps détachés de la garde nationale.

ART. 160.

L'uniforme et les marques distinctives des corps détachés seront les mêmes que ceux de la garde nationale en service ordinaire.

Le Gouvernement fournira l'habillement, l'armement et l'équipement aux gardes nationaux qui n'en seraient pas pourvus, ou qui n'auraient pas le moyen de s'équiper et de s'armer à leurs frais.

SECTION IV.

DISCIPLINE DES CORPS DÉTACHÉS.

ART. 161.

Lorsque les corps détachés de la garde nationale seront organisés, ils seront soumis à la discipline militaire.

Néanmoins, lorsque les gardes nationaux refuseront d'obtempérer à la réquisition, ils seront punis d'un emprisonnement qui ne pourra excéder deux ans; et, lorsqu'ils quitteront leur corps sans autorisation, hors de la présence de l'ennemi, ils seront punis d'un emprisonnement qui ne pourra excéder trois ans.

Dispositions générales.

ART. 162.

Sont et demeurent abrogées toutes les dispositions des lois, décrets et ordonnances, relatives à l'organisation et à la discipline des gardes nationales.

Sont et demeurent abrogées les dispositions relatives au service et à l'administration des gardes nationales, qui seraient contraires à la présente loi.

LOI

DU 19 AVRIL 1832

Concernant la formation des corps détachés de la garde nationale.

ART. 1er.

Lorsqu'en vertu des articles 139 et 140 de la loi du 22 mars 1831, la garde nationale devra fournir des corps détachés, la répartition entre les départements, arrondissements ou cantons, aura lieu proportionnellement à la force des classes appelées à la mobilisation.

ART. 2.

Aussitôt après la promulgation de la présente loi, il sera formé, par les soins du sous-préfet, par commune et pour chaque canton, d'après les contrôles du service ordinaire et de la réserve de chaque commune, un tableau général des citoyens mobilisables, inscrits par rang d'âge et par classes, telles que les définit l'article 143 de la loi du 22 mars 1831.

Chaque année, au mois de janvier, ce tableau sera complété et rectifié, d'après les éliminations et accroissements annuels des diverses classes mobilisables.

ART. 3.

Les attributions que la loi du 22 mars 1831 a dévolues aux jurys de révision, pour l'exécution du titre VI, sont transportées aux conseils de révision; ils les réuniront aux autres attributions qui leur ont été conférées par ladite loi.

Art. 4.

Il y aura, par arrondissement de sous-préfecture, un conseil de révision, composé comme il suit :

Président. Au chef-lieu du département : le préfet ou un conseiller de préfecture délégué par lui ; au chef-lieu de tout autre arrondissement, le sous-préfet.

Membres. Deux membres du conseil général, ou du conseil de l'arrondissement, désignés par le préfet.

L'officier général commandant la subdivision militaire, ou l'officier supérieur délégué par lui.

L'officier le plus élevé en grade dans la garde nationale.

Art. 5.

Le contingent de chaque canton formera, suivant sa force, une ou plusieurs compagnies, ou subdivisions de compagnie; celui de l'arrondissement formera un ou plusieurs bataillons, ou subdivisions de bataillon. Dans ce dernier cas, les subdivisions seront agglomérées dans leurs départements respectifs.

Une ordonnance du Roi désignera les arrondissements et les cantons qui doivent former les bataillons; un arrêté du préfet désignera les cantons et les communes qui doivent former les compagnies, d'après la force des gardes nationales à mobiliser.

Art. 6.

Toutes les dispositions des lois et ordonnances contraires à la présente loi sont et demeurent abrogées.

LOI

DU 14 JUILLET 1837

Concernant la garde nationale du département de la Seine.

SECTION Ire.

DE L'OBLIGATION DU SERVICE.

ART. Ier.

Tout Français appelé par la loi du 22 mars 1831 au service de la garde nationale, est tenu à ce service dans le département de la Seine :

1° Lorsqu'il y a son domicile réel;

2° Lorsqu'il y réside habituellement une partie de l'année, et ce, nonobstant son inscription sur les registres matricules d'un autre département.

Dans ces deux cas, le service est dû dans la commune, ou, à Paris, dans l'arrondissement municipal où le garde national a sa principale habitation.

SECTION II.

DE L'INSCRIPTION AU REGISTRE MATRICULE ET SUR LES CONTRÔLES DU SERVICE ORDINAIRE ET DE LA RÉSERVE.

ART. 2.

Dans l'étendue du département de la Seine, tous les Français appelés par la loi au service de la garde nationale, et qui ne sont pas portés sur le registre matricule, sont tenus de se faire inscrire à la mairie de leur résidence.

Cette inscription devra être faite dans les deux mois de la promulgation de la présente loi, ou de l'accomplissement des conditions qui rendent obligatoire le service de la garde nationale.

Ce délai ne courra, pour les Français âgés de moins de vingt et un ans, que du jour où ils auront satisfait à la loi du recrutement.

En cas de changement de résidence, la déclaration à fin d'inscription devra être faite, dans le même délai, à la mairie de l'arrondissement municipal ou de la commune de la nouvelle résidence.

Tout Français qui ne se sera pas conformé aux dispositions précédentes, et dont l'inscription d'office au contrôle du service ordinaire sera devenue définitive, sera, par ce seul fait, constitué en état de refus de service, et renvoyé par le maire devant le conseil de discipline, qui pourra le condamner à un emprisonnemen d'un jour au moins, de cinq jours au plus.

Ne seront pas tenus de se faire inscrire les citoyens exceptés ou dispensés du service par les articles 11, 12, 13, 20, 28 et 29 de la loi du 22 mars 1831.

Les dispositions du paragraphe 3 de l'article 19 de ladite loi ne sont pas applicables à la ville de Paris.

Art. 3.

Le registre matricule et les contrôles du service ordinaire et de réserve seront déposés au secrétariat de chaque mairie; il en sera donné communication à tout habitant, sur sa demande.

Art. 4.

A Paris, il y aura, par arrondissement, un conseil de recensement composé de seize membres nommés par le maire, qui devra les choisir, en nombre égal, pour chaque bataillon, parmi les officiers, sous-officiers, caporaux et délégués de la légion.

Ce conseil sera renouvelé tous les six mois par moitié.

Le renouvellement semestriel qui suivra chaque composition intégrale du conseil s'opérera par un tirage au sort fait par le maire, en conseil de recensement.

Les membres sortants pourront être nommés de nouveau.

Le conseil sera présidé par le maire ou par un adjoint; en cas de partage, le président aura voix prépondérante.

Le conseil ne pourra délibérer qu'au nombre de neuf membres au moins, y compris le président.

Lorsque le maire le jugera utile, le conseil de recensement sera divisé en deux sections, composées chacune de huit membres; chaque section ne pourra délibérer qu'au nombre de cinq membres au moins, y compris le président.

En cas de dissolution de la légion, le maire désignera, pour la réorganisation, les membres d'un conseil de recensement provisoire, qui cessera ses fonctions au moment de l'entrée en exercice du conseil nommé ainsi qu'il est dit au présent article.

ART. 5.

A Paris, les membres du conseil de recensement pourront se dispenser du service.

Après trois absences consécutives, ils seront considérés comme démissionnaires, et immédiatement remplacés par le maire, s'ils ne justifient d'empêchement légitime.

ART. 6.

Les douze membres de chaque jury de révision, et six suppléants, seront tirés au sort sur la liste des officiers, sous-officiers, caporaux et délégués en fonctions, qui réuniront les conditions exigées par l'article 23 de la loi du 22 mars 1831.

Cette liste sera réduite, par le préfet, à deux cents noms, sur lesquels le tirage aura lieu, à Paris, par arrondissement, et, dans la banlieue, par canton.

Les membres désignés par le sort seront rayés de la liste, et ne pourront y être rétablis qu'après les élections générales.

En cas d'absence, sans motif légitime, les membres du jury de révision seront passibles d'une amende de cinq à quinze francs, prononcée, séance tenante, par le président du jury.

Nul ne peut en même temps faire partie d'un conseil de recensement et d'un jury de révision.

ART. 7.

Il y aura près de chaque jury de révision un rapporteur ayant rang de capitaine, et un rapporteur adjoint ayant rang de lieutenant.

Ils seront nommés par le Roi, et pour trois ans; ils feront partie de l'état-major de la légion.

Le greffier du juge de paix remplira les fonctions de secrétaire.

ART. 8.

A Paris, la circonscription des bataillons et des compagnies sera réglée, dans chaque arrondissement, par le maire, sous l'approbation du préfet.

SECTION III.

DES NOMINATIONS AUX GRADES.

ART. 9.

A Paris, il y aura deux chefs de bataillon par bataillon dans chaque légion, quel que soit le nombre d'hommes qui composent ce bataillon.

ART. 10.

Dans le département de la Seine, les officiers de compagnie, les porte-drapeau et chefs de bataillon ne peuvent être choisis que dans la circonscription de la légion.

Les chefs de légion et lieutenants-colonels peuvent l'être dans toute l'étendue du département.

ART. 11.

Les chirurgiens-majors devront être choisis et résider dans la circonscription de la légion, et les chirurgiens-aides-majors dans la circonscription du bataillon.

ART. 12.

Sont exceptés des dispositions des articles 10 et 11 les officiers en fonctions au moment de la promulgation de la présente loi; ils pourront être réélus dans les légions, bataillons et compagnies auxquels ils appartiennent.

ART. 13.

Les délégués seront élus sur bulletins de liste et à la majorité relative, immédiatement après les officiers.

ART. 14.

Sauf le cas d'élections générales ou de dissolution, lorsque les gardes nationaux seront convoqués pour une élection, celle-ci ne sera valable qu'autant que le tiers plus un des gardes nationaux convoqués y auront pris part.

Le scrutin sera immédiatement clos après l'appel et le réappel, et le bureau ne procédera au dépouillement que si le nombre des votes est égal au tiers plus un des inscrits.

Si le nombre des gardes nationaux présents est inférieur au tiers plus un, il sera procédé à l'élection par les officiers, sous-officiers, caporaux et délégués existants dans la compagnie.

Les sergents-majors et fourriers seront élus sur bulletins individuels, les sergents et caporaux sur bulletins de liste. Dans les deux cas, l'élection aura lieu à la majorité relative.

ART. 15.

Dans l'intervalle d'une élection générale à l'autre, le remplacement des officiers, sous-officiers, caporaux et délégués, aura lieu selon les besoins du service.

ART. 16.

Toutes les élections seront faites sous la présidence du maire ou d'un adjoint, assisté de deux membres du conseil de recensement.

SECTION IV.

ORDRE DU SERVICE ORDINAIRE.

ART. 17.

Une ordonnance royale réglera ce qui est relatif au service ordinaire, aux revues, aux exercices et aux prises d'armes.

ART. 18.

L'organisation et l'ordre de bataille des sapeurs-pompiers et de la garde à cheval de la banlieue, ainsi que des sapeurs-porte-hache et de la musique des légions du département de la Seine, seront réglés par une ordonnance royale.

SECTION V.

DE LA DISCIPLINE.

ART. 19.

Dans le département de la Seine l'uniforme et l'équipement sont obligatoires pour tout garde national qui n'en est pas dispensé par le conseil de recensement.

Les décisions du conseil de recensement pourront être déférées, par la voie d'appel, au jury de révision.

Il est interdit à tout chef de légion, officier supérieur ou commandant quelconque, d'autoriser aucune modification à l'uniforme et à l'équipement réglés par ordonnance royale.

L'infraction au premier paragraphe du présent article sera considérée comme refus de service d'ordre et de sûreté, et punie des mêmes peines.

ART. 20.

Dans le département de la Seine, seront considérés comme services commandés et obligatoires, sous les peines portées en l'article 89 de la loi du 22 mars 1831, non-seulement le service auquel on aura été appelé dans la forme ordinaire, mais encore les prises d'armes pour service d'ordre et de sûreté, annoncées par voie de rappel, ainsi que toute réunion pour inspection d'armes.

L'arrivée tardive au poste, l'absence du poste sans autorisation et l'absence autorisée prolongée au-delà du terme fixé, pourront être considérées et punies comme refus de service.

Art. 21.

Les infractions au service commises par les majors et adjudants-majors soldés seront punies des peines suivantes :

Des arrêts simples;

Des arrêts forcés avec remise d'armes.

En aucun cas, ces arrêts n'excéderont trois jours.

Les arrêts simples pourront être appliqués par des officiers supérieurs en grade auxdits majors et adjudants-majors.

Les arrêts forcés ne seront prononcés que par le commandant supérieur.

Art. 22.

Pour les délits prévus par les articles 82, 87 et 89 de la loi du 22 mars 1831, les tambours-majors, tambours-maîtres, tambours et trompettes, pourront être punis, par tout officier sous les ordres duquel ils se trouvent, de la prison pour un temps qui n'excédera pas trois jours.

Pour une peine plus forte, il en sera référé au chef de légion qui ne pourra cependant pas infliger la prison pour plus de quinze jours.

Art. 23.

Le conseil supérieur de discipline du département de la Seine sera composé du commandant supérieur, président, ou d'un officier général délégué par lui;

De deux colonels ou lieutenants-colonels, de deux chefs de bataillon ou d'escadron, de deux capitaines.

Lorsqu'il s'agira de juger des officiers de l'état-major général, les colonels, lieutenants-colonels, chefs de bataillon ou d'escadron et capitaines composant le conseil, seront pris dans l'état-major : ils seront pris dans les légions, lorsqu'il s'agira de juger les officiers des légions.

A cet effet, il sera formé par le préfet deux tableaux par grade des colonels, lieutenants-colonels, chefs de bataillon ou d'escadron et des capitaines ; l'un desdits tableaux pour les officiers de légions et l'autre pour les officiers de l'état-major général.

Les juges du conseil supérieur de discipline seront désignés par la voie du sort.

Il sera procédé au tirage, en séance publique, par le préfet.

Les juges seront renouvelés tous les ans.

Les membres sortants seront rayés du tableau, et ne pourront y être rétablis qu'après les élections générales, à moins d'épuisement des noms portés audit tableau.

Le rapporteur près ce conseil aura rang de chef de bataillon, et le secrétaire rang de capitaine.

Ce rapporteur sera nommé par le Roi et pour trois ans : il fera partie de l'état-major général.

ART. 24.

Dans le département de la Seine, le tableau des membres du conseil de discipline, dont il est question dans l'article 105 de la loi du 22 mars 1831, sera formé des officiers, de la moitié des sous-officiers, du quart des caporaux et de pareil nombre de gardes nationaux désignés par le maire en nombre égal dans chaque compagnie.

Il sera complété tous les ans, en conservant le rang des premiers inscrits.

Dispositions générales.

ART. 25.

Toute opposition à une décision du conseil de recensement rendue par défaut devra être formée dans la huitaine de la notification.

Le conseil de recensement pourra relever le défaillant du délai d'opposition.

L'appel des décisions du conseil de recensement devant le jury de révision ne sera recevable qu'autant qu'il aura été interjeté dans la quinzaine de la décision contradictoire ou de la notification des décisions rendues par défaut ou sur l'opposition.

Les contestations élevées sur les élections devront être soumises au jury de révision. Ce recours ne sera admissible que s'il est formé par un garde national qui, ayant participé à l'élection, aurait fait connaître, séance tenante, au bureau, ou, dans les trois jours, à la mairie, la nature de ses réclamations.

Le préfet, à Paris, et les sous-préfets pourront, dans tous ces cas et dans les mêmes délais, recourir devant le jury de révision.

Art. 26.

Toute décision des jurys de révision pourra être déférée au Conseil d'État pour incompétence, excès de pouvoir et violation de la loi.

Art. 27.

La contrariété de décisions rendues en dernier ressort en différents conseils de recensement ou jurys de révision, pour l'application de la présente loi, ainsi que de la loi du 22 mars 1831, donnera également ouverture à un recours devant le conseil d'État.

Art. 28.

Dans les cas de suspension ou de dissolution prévus par l'article 5 de la loi du 22 mars 1831, le préfet du département de la Seine pourra ordonner le dépôt des armes dans un lieu déterminé, sous les peines portées par l'article 3 de la loi du 24 mai 1834.

Art. 29.

Continueront d'être exécutoires, pour le département de la Seine, toutes les dispositions de la loi du 22 mars 1831 qui ne sont pas contraires à la présente loi.

LOI

DU 30 AVRIL 1846

Qui modifie les articles 17, 35, 37 et 101 de la loi du 22 mars 1831, sur la garde nationale.

NOTA. Les paragraphes imprimés en lettres italiques indiquent les modifications ou plutôt les additions apportées par la loi du 30 avril 1846, au texte des articles 17, 35, 37 et 101 de la loi générale du 22 mars 1831.

Les articles 17, 35, 37 et 101 de la loi du 22 mars 1831, sont modifiés ainsi qu'il suit :

ART. 17.

Au mois de janvier de chaque année, le conseil de recensement inscrira au registre matricule les jeunes gens qui seront entrés dans leur vingtième année pendant le cours de l'année précédente, ainsi que les Français qui auront nouvellement acquis leur domicile dans la commune; il rayera dudit registre les Français qui seront entrés dans leur soixantième année pendant le cours de la même année, *et qui en feront la demande formelle* (1), ceux qui auront changé de domicile et les décédés.

Toutefois le service ne sera pas exigé avant l'âge de vingt ans accomplis.

---

(1) Cette disposition est générale pour toute la France.

ART. 35.

Il y aura par compagnie de garde nationale à pied de toutes armes :

	NOMBRE TOTAL D'HOMMES.			
	DE 50 à 80.	DE 80 à 100.	DE 100 à 140.	DE 140 à 200.
Capitaine en premier	1	1	1	1
Capitaine en second	//	//	//	1
Lieutenants	1	1	2	2
Sous-Lieutenants	1	2	2	2
Sergent-major	1	1	1	1
Sergent-fourrier	1	1	1	1
Sergents	4	6	6	8
Caporaux	8	12	12	16
Tambours	1	2	2	2

Dans le département de la Seine, lorsque l'effectif d'une compagnie dépassera deux cents hommes définitivement inscrits sur le contrôle, il y aura, par chaque cinquante hommes d'excédant, un lieutenant ou un sous-lieutenant, deux sergents et quatre caporaux.

ART. 37.

Il y aura par subdivision d'escadron et par escadron.

	NOMBRE TOTAL D'HOMMES.						
	Jusqu'à 17.	De 17 à 30.	De 30 à 40.	De 40 à 50.	De 50 à 70.	De 70 à 100.	De 100 à 120 et au-dessus.
Capitaine en premier	//	//	//	//	//	1	1
Capitaine en second	//	//	//	//	//	//	1
Lieutenants	//	//	1	1	1	2	2
Sous-lieutenants	//	1	1	1	2	2	2
Maréchal des logis chef	//	//	//	//	//	1	1
Fourrier	//	//	//	//	//	1	1
Maréchaux des logis	1	2	2	3	4	4	8
Brigadiers	2	4	4	6	8	8	16
Trompettes	//	//	1	1	1	1	2

Dans le département de la Seine, lorsque l'effectif atteindra deux cents hommes définitivement inscrits sur le contrôle, le cadre des officiers sera augmenté d'un sous-lieutenant.

Art. 101.

Il y aura, par conseil de discipline de bataillon ou de légion, un rapporteur ayant rang de capitaine ou de lieutenant, et un secrétaire ayant rang de lieutenant ou de sous-lieutenant.

Dans les villes où il se trouvera plusieurs légions, il y aura, par conseil de discipline, un rapporteur adjoint et un secrétaire adjoint, du grade inférieur à celui du rapporteur et du secrétaire.

Cette dernière disposition sera appliquée, de droit, à tous les conseils de discipline des légions du département de la Seine.

www.ingramcontent.com/pod-product-compliance
Ingram Content Group UK Ltd.
Pitfield, Milton Keynes, MK11 3LW, UK
UKHW020210200726
13856UKWH00004B/1297